Futuros Sr. y Sra.

Fecha de la Boda:

Planificador de Boda

FECHA Y HORA DE LA BODA:

LISTA DE TAREAS:

DIRECCION DE LA IGLESIA:

PRESUPUESTO:

SACERDOTE/PASTOR:

LUGAR DE LA FIESTA:

NOTAS Y RECORDATORIOS:

Plan del Presupuesto

	TOTAL COST:	DEPOSIT:	REMAINDER:
IGLESIA/TEMPLO			
LUGAR DE LA FIESTA			
FLORERIA			
LICENCIADO/NOTARIO			
COMIDA			
PASTEL DE BODA			
VESTIDO DE NOVIA			
TRAJE DEL NOVIO			
JOYERIA DE LA NOVIA			
VESTIDOS DE LAS DAMAS			
TRAJES DE LOS HOMBRES			
MAQUILLAJE Y PEINADO			
FOTOGRAFO			
VIDEOGRAFO			
SERVICIO DE DJ/MUSICA			
INVITACIONES			
TRANSPORTE			
RECUERDOS DE LA FIESTA			
RENTA DE ARTICULOS			
LUNA DE MIEL			

12 Meses Antes

- DECIDIR LA FECHA

- HACER EL PRESUPUESTO

- ESCOGER EL TEMA

- ORGANIZAR LA FIESTA DE COMPROMISO

- INVESTIGAR SALONES

- CONTRATAR A UN PLANEADOR DE BODAS

- INVESTIGAR FOTOGRAFOS

- INVESTIGAR VIDEOGRAFOS

- INVESTIGAR DJ'S/MUSICA

- CONSIDERAR FLORERIAS

- INVESTIGAR PROVEEDOR DE COMIDA

- DECIDIR OFICIAL DE BODA

- CREAR UNA LISTA INICIAL DE INVITADOS

- ESCOGER LUGAR DE FIESTA DE BODA

- COMPRAR EL VESTIDO DE NOVIA

- REGISTRARSE EN TIENDA PARA REGALOS

- DISCUTIR IDEAS DE LUNA DE MIEL

- INVESTIGAR ANILLOS DE BODAS

NO OLVIDAR:

9 Meses Antes

- [ ] FINALIZAR LISTA DE INVITADOS
- [ ] ORDENAR INVITACIONES
- [ ] PLANEAR LA RECEPCION
- [ ] CONTRATAR AL FOTOGRAFO
- [ ] CONTRATAR AL VIDEOGRAFO
- [ ] CONTRATAR FLORERIA
- [ ] CONTRATAR DJ/MUSICA
- [ ] CONTRATAR AL PROVEEDOR DE COMIDA
- [ ] ESCOGER PASTEL DE BODA

- [ ] ESCOGER VESTIDO DE BODA
- [ ] ORDENAR LOS VESTIDOS DE DAMAS
- [ ] RESERVAR LOS TUXEDOS
- [ ] ARREGLAR EL TRANSPORTE
- [ ] RESERVAR LA IGLESIA
- [ ] RESERVAR EL SALON DE FIESTA
- [ ] PLANEAR LA LUNA DE MIEL
- [ ] RESERVAR AL OFICIAL DE BODA
- [ ] RESERVAR CUARTOS DE HOTEL PARA INVITADOS

NO OLVIDAR:

6 Meses Antes

- ORDENAR LAS TARJETAS DE AGRADECIMIENTO
- REVISAR LOS DETALLES DE LA RECEPCION
- HACER CITA PARA PRUEBA DE VESTIDO
- CONFIRMAR LOS VESTIDOS DE LAS DAMAS
- SACAR LA LICENCIA DE MATRIMONIC

- RESERVAR MAQUILLISTA/ ESTILISTA
- CONFIRMAR SELECCION DE MUSICA
- PLANEAR LA DESPEDIDA DE SOLTERA
- PLANEAR ENSAYO DE BODA
- COMPRAR LOS ANILLOS DE BODAS

NO OLVIDAR:

3 Meses Antes

- ENVIAR INVITACIONES
- AGENDAR CITA CON EL SACERDOTE/ PASTOR/OFICIAL
- COMPRAR RECUERDOS PARA FIESTA
- AGENDAR LA PRUEBA FINAL DEL VESTIDO
- COMPRAR LOS ANILLOS
- PLANEAR EL PEINADO
- COMPRAR ZAPATILLAS/ZAPATOS
- CONFIRMAR PASAPORTES

- FINALIZAR EL MENU DE LA FIESTA
- PLANEAR EL DIA DEL ENSAYO
- CONFIRMAR TODAS LAS RESERVACIONES
- APLICAR A LA LICENCIA DE MATRIMONIO
- CONFIRMAR LA SELECCION DE MUSICA
- ESCRIBIR LOS VOTOS
- ESCOGER AL MAESTRO DE CEREMONIAS
- ARREGLAR TRANSPORTE AL AEROPUERTO

NO OLVIDAR:

1 Mes Antes

- CONFIRMAR EL CONTEO FINAL DE INVITADOS
- CONFIRMAR LOS DETALLES DE LA RECEPCION
- IR A LA PRUEBA FINAL DEL VESTIDO
- CONFIRMAR AL FOTOGRAFO
- TERMINAR LOS RECUERDOS
- CREAR UNA LISTA DE TOMAS DE FOTOGRAFIA

- ENSAYAR LOS VOTOS
- RESERVAR EL MANICURE/ PEDICURE
- CONFIRMAR CON LA FLORERIA
- CONFIRMAR VIDEOGRAFO
- RECOGER LOS VESTIDOS DE LAS DAMAS
- CREAR EL PROGRAMA DE LA RECEPCION

NO OLVIDAR:

1 Semana Antes

- FINALIZAR ACOMODO DE SILLAS
- HACER PAGOS A PROVEEDORES
- EMPACAR PARA LUNA DE MIEL
- CONFIRMAR LAS RESERVAS DE HOTEL
- DAR EL PROGRAMA AL SALON DE RECEPCION

- ENTREGAR LA LICENCIA DE MATRIMONIO
- CONFIRMAR CON LA PASTELERIA
- RECOGER EL VESTIDO DE NOVIA
- RECOGER EL TRAJE DEL NOVIO
- DAR LA LISTA DE MUSICA AL DJ

NO OLVIDAR:

1 Dia Antes

- [ ] HACER EL MANICURE/PEDICURE
- [ ] ASISTIR AL ENSAYO
- [ ] DORMIR BIEN!
- [ ] ALISTAR LOS RECUERDOS
- [ ] FINALIZAR DE EMPACAR

LISTA DE TAREAS PENDIENTES:

El Gran Día!

- ☐ IR AL PEINADO Y MAQUILLAJE
- ☐ TOMAR UN BUEN DESAYUNO
- ☐ DISFRUTAR EL GRAN DIA!

- ☐ REUNIRSE CON LAS DAMAS
- ☐ DARLE LOS ANILLOS AL PADRINO/ MADRINA/PADRINOS

TAREAS PENDIENTES:

Plan de Boda

FIESTA DE PEDIDA/COMPROMISO

FECHA _____

LUGAR: _____

HORA: _____

NUMERO DE INVITADOS: _____

NOTAS:

DESPEDIDA DE SOLTERA:

FECHA: _____

LUGAR: _____

HORA: _____

NUMERO DE INVITADOS: _____

NOTAS:

DESPEDIDA DE SOLTERO:

FECHA: _____

LUGAR: _____

HORA: _____

NUMERO DE INVITADOS: _____

NOTAS:

Celebración de la Boda

MADRINA PRINCIPAL:

TELEFONO: _____ TALLA VESTIDO: _____ TALLA ZAPATO: _____

EMAIL: _____

DAMA/MADRINA:

TELEFONO: _____ TALLA VESTIDO: _____ TALLA ZAPATO: _____

EMAIL: _____

DAMA/MADRINA #2:

TELEFONO: _____ TALLA VESTIDO: _____ TALLA ZAPATO: _____

EMAIL: _____

DAMA/MADRINA #3:

TELEFONO: _____ TALLA VESTIDO: _____ TALLA ZAPATO: _____

EMAIL: _____

DAMA/MADRINA#4:

TELEFONO: _____ TALLA VESTIDO: _____ TALLA ZAPATO: _____

EMAIL: _____

NOTAS:

Celebración de la Boda

PADRINO PRINCIPAL:

TELEFONO: CINTURA: TALLA ZAPATO:

CUELLO: MANGA: TALLA SACO:

EMAIL:

AMIGO/PADRINO #1:

TELEFONO: CINTURA: TALLA ZAPATO:

CUELLO: MANGA: TALLA SACO:

EMAIL:

AMIGO/PADRINO #2:

TELEFONO: CINTURA: TALLA ZAPATO:

CUELLO: MANGA: TALLA SACO:

EMAIL:

AMIGO/PADRINO #3:

TELEFONO: CINTURA: TALLA ZAPATO:

CUELLO: MANGA: TALLA SACO:

EMAIL:

AMIGO/PADRINO #4:

TELEFONO: CINTURA: TALLA ZAPATO:

CUELLO: MANGA: TALLA SACO:

EMAIL:

Fotógrafo

DATOS CONTACTO

TELEFONO: _____

NOMBRE NEGOCIO: _____

EMAIL: _____

DIRECCION: _____
_____

RESUMEN DEL PAQUETE PARA BODA:

PRECIO ESTIMADO: _____

INCLUYE:	SI ✓	NO ✓	COSTO:
DIA DEL COMPROMISO:	☐	☐	
ALBUMS DE FOTOS:	☐	☐	
MARCOS	☐	☐	
PRUEBAS INCLUIDAS:	☐	☐	
NEGATIVOS INCLUIDOS:	☐	☐	
COSTO TOTAL:			

Videógrafo

DATOS DE CONTACTO:

TELEFONO: _____   NOMBRE DEL NEGOCIO: _____

EMAIL: _____   DIRECCION: _____

RESUMEN DEL PAQUETE PARA BODA:

PRECIO ESTIMADO: _____

INCLUYE:	SI ✓	NO ✓	COSTO:
DUPLICADOS/COPIAS			
MONTAJE DE FOTOS:			
AGREGA MUSICA:			
EDICION:			

COSTO TOTAL: _____

NOTAS:

DJ / Música

DJ/GRUPO MUSICAL/ENTRETENIMIENTO:

TELEFONO: _____   EMPRESA: _____

EMAIL: _____   DIRECCION: _____

HORA INICIO: _____   HORA QUE TERMINA: _____

RESUMEN DEL SERVICIO DE ENTRETENIMIENTO:

PRECIO ESTIMADO: _____

INCLUYE:	SI ✓	NO ✓	COSTO:
EQUIPO DE SONIDO:	☐	☐	
LUCES:	☐	☐	
EFECTOS ESPECIALES:	☐	☐	
PROPINA	☐	☐	

COSTO TOTAL: _____

NOTAS:

Florería

DATOS DE CONTACTO:

TELEFONO: _____   EMPRESA: _____

EMAIL: _____   DIRECCION: _____

PAQUETE FLORAL :

PRECIO ESTIMADO: _____

INCLUYE:	SI ✓	NO ✓	COSTO:
RAMO DE NOVIA:			
RAMO PARA AVENTAR:			
ADORNO PARA TRAJES:			
FLORES DE LA CEREMONIA			
CENTROS DE MESA			
ADORNO PARA PASTEL			
EXTRAS (PAJES O PETALOS)			

COSTO TOTAL:

Pastel de Bodas

TELEFONO: _____   EMPRESA: _____

EMAIL: _____   DIRECCION: _____

PAQUETE DE BODA:

COSTO: _____   PRUEBA GRATIS: _____   CUOTA DE ENTREGA: _____

SABOR: _____

RELLENO: _____

TAMAÑO: _____

FIGURA: _____

COLOR: _____

EXTRAS: _____

COSTO TOTAL: _____

NOTES: _____

Transporte

A LA CEREMONIA: HORA: LUGAR:

NOVIA:

NOVIO:

PADRES DE LA NOVIA:

PADRES DEL NOVIO:

DAMAS:

PADRINOS:

NOTAS:

A LA FIESTA: HORA: LUGAR:

NOVIO Y NOVIA:

PADRES DE LA NOVIA:

PADRES DEL NOVIO:

DAMAS:

PADRINOS:

Celebraciones Previas

DESPEDIDA DE SOLTERA:

FECHA: _____

LUGAR: _____

HORA: _____

NUMERO DE INVITADOS: _____

NOTAS:

DESPEDIDA DE SOLTERO:

FECHA: _____

LOCATION: _____

HORA: _____

NUMERO DE INVITADOS: _____

NOTAS:

PEDIDA DE MANO:

FECHA: _____

LUGAR: _____

HORA: _____

NUMERO DE INVITADOS: _____

NOTAS:

Celebraciones Previas

CENA DEL DIA DE ENSAYO:

FECHA: _____   LUGAR: _____

HORA: _____   NUMERO DE INVITADOS: _____

NOTAS:

RECEPCION/FIESTA:

FECHA: _____   LUGAR: _____

HORA: _____   NUMERO DE INVITADOS: _____

NOTAS:

RECORDATORIOS:

Nombres y Direcciones

CEREMONIA:

TELEFONO: _____ NOMBRE DEL CONTACTO: _____

EMAIL: _____ DIRECCION: _____

RECEPCION:

TELEFONO: _____ NOMBRE DEL CONTACTO: _____

EMAIL: _____ DIRECCION: _____

OFICIANTE:

TELEFONO: _____ NOMBRE DEL CONTACTO: _____

EMAIL: _____ DIRECCION: _____

PLANEADOR DE LA BODA:

TELEFONO: _____ NOMBRE DEL CONTACTO: _____

EMAIL: _____ DIRECCION: _____

PROVEEDOR DE COMIDA:

TELEFONO: _____ NOMBRE DEL CONTACTO: _____

EMAIL: _____ DIRECCION: _____

FLORERIA:

TELEFONO: _____ NOMBRE DEL CONTACTO: _____

EMAIL: _____ DIRECCION: _____

Nombres y direcciones

PASTELERIA:

TELEFONO: _____

NOMBRE DEL CONTACTO: _____

EMAIL: _____

DIRECCION: _____

VESTIDO DE NOVIA:

TELEFONO: _____

NOMBRE DEL CONTACTO: _____

EMAIL: _____

DIRECCION: _____

FOTOGRAFO:

TELEFONO: _____

NOMBRE DEL CONTACTO: _____

EMAIL: _____

DIRECCION: _____

VIDEOGRAFO:

TELEFONO: _____

NOMBRE DEL CONTACTO: _____

EMAIL: _____

DIRECCION: _____

DJ/MUSICA/GRUPO MUSICAL:

TELEFONO: _____

NOMBRE DEL CONTACTO: _____

EMAIL: _____

DIRECCION: _____

PEINADO/MANICURE:

TELEFONO: _____

NOMBRE DEL CONTACTO: _____

EMAIL: _____

DIRECCION: _____

Nombres y direcciones

MAQUILLISTA:

TELEFONO: _____

NOMBRE DE CONTACTO: _____

EMAIL: _____

DIRECCION: _____

RENTA DE ARTICULOS EXTRAS:

TELEFONO: _____

NOMBRE DE CONTACTO: _____

EMAIL: _____

DIRECCION: _____

LUNA DE MIEL/HOTEL:

TELEFONO: _____

NOMBRE DE CONTACTO: _____

EMAIL: _____

DIRECCION: _____

SERVICIO DE TRANSPORTE:

TELEFONO: _____

NOMBRE DE CONTACTO: _____

EMAIL: _____

DIRECCION: _____

NOTAS:

Detalles de la Comida

INFORMACION DEL CONTACTO:

TELEFONO: _____   NOMBRE DEL CONTACTO: _____

EMAIL: _____   DIRECCION: _____

OPCION DE MENU #1:

OPCION DE MENU #2:

	SI ✓	NO ✓	COSTO:
INCLUYE BEBIDAS ALCOH.:			
DESCORCHE:			
APERITIVOS:			
IMPUESTOS INCLUIDOS:			
PROPINA INCLUIDA:			

Detalles de la Comida

INFORMACION DEL CONTACTO:

TELEFONO: _____

NOMBRE DEL CONTACTO: _____

EMAIL: _____

DIRECCION: _____

OPCION DE MENU #1:

OPCION DE MENU #2:

	SI ✓	NO ✓	COSTO:
INCLUYE BEBIDAS ALCOH.:	☐	☐	_____
DESCORCHE:	☐	☐	_____
APERITIVOS:	☐	☐	_____
IMPUESTOS INCLUIDOS:	☐	☐	_____
PROPINA INCLUIDA:	☐	☐	

Detalles de la Comida

INFORMACION DEL CONTACTO:

TELEFONO: _____ NOMBRE DEL CONTACTO: _____

EMAIL: _____ DIRECCION: _____

OPCION DE MENU #1:

OPCION DE MENU #2:

	SI ✓	NO ✓	COSTO:
INCLUYE BEBIDAS ALCOH.:			
DESCORCHE:			
APERITIVOS:			
IMPUESTOS INCLUIDOS:			
PROPINA INCLUIDA:			

Detalles de la Comida

INFORMACION DEL CONTACTO:

TELEFONO: _____   NOMBRE DEL CONTACTO: _____

EMAIL: _____   DIRECCION: _____

OPCION DE MENU #1:

OPCION DE MENU #2:

	SI ✓	NO ✓	COSTO:
INCLUYE BEBIDAS ALCOH.:			
DESCORCHE:			
APERITIVOS:			
IMPUESTOS INCLUIDOS:			
PROPINA INCLUIDA:			

Plan del Menú

**HORS D'OEUVRES/
APERITIVOS**

1st TIEMPO:

2nd TIEMPO:

3rd TIEMPO:

4th TIEMPO:

POSTRE:

Plan del Menú

**HORS D'OEUVRES/
APERITIVOS**

1st TIEMPO:

2nd TIEMPO:

3rd TIEMPO:

4th TIEMPO:

POSTRE:

Plan del Menú

**HORS D'OEUVRES/
APERITIVOS**

1st TIEMPO:

2nd TIEMPO:

3rd TIEMPO:

4th TIEMPO:

POSTRE:

Plan del Menú

**HORS D'OEUVRES/
APERITIVOS**

1st TIEMPO:

2nd TIEMPO:

3rd TIEMPO:

4th TIEMPO:

POSTRE:

1 Semana Antes

COSAS QUE HACER: **NOTAS:**

LUNES

MARTES

MIERCOLES

JUEVES

RECORDAR/NOTAS:

1 Semana Antes

	COSAS QUE HACER:	NOTAS:
VIERNES		
SABADO		
DOMINGO		

FALTA POR HACER:

RECORDATORIOS:

NOTAS:

Lista de Invitados

NOMBRE:	DIRECCION:	# PERSONAS:	RSVP: ✓

Lista de Invitados

NOMBRE:	DIRECCION:	# PERSONAS:	RSVP: ✓

Lista de Invitados

NOMBRE:	DIRECCION:	# PERSONAS:	RSVP: ✓

Lista de Invitados

NOMBRE:	DIRECCION:	# PERSONAS:	RSVP: ✓

Lista de Invitados

NOMBRE:	DIRECCION:	# PERSONAS:	RSVP: ✓

Lista de Invitados

NOMBRE:	DIRECCION:	# PERSONAS:	RSVP: ✓

Lista de Invitados

NOMBRE:	DIRECCION:	# PERSONAS:	RSVP: ✓

Lista de Invitados

NOMBRE:	DIRECCION:	# PERSONAS:	RSVP: ✓

Lista de Invitados

NOMBRE:	DIRECCION:	# PERSONAS:	RSVP: ✓

Lista de Invitados

NOMBRE:	DIRECCION:	# PERSONAS:	RSVP: ✓

Lista de Invitados

NOMBRE:	DIRECCION:	# PERSONAS:	RSVP: ✓

Lista de Invitados

NOMBRE:	DIRECCION:	# PERSONAS:	RSVP: ✓

Lista de Invitados

NOMBRE:	DIRECCION:	# PERSONAS:	RSVP: ✓

Lista de Invitados

NOMBRE:	DIRECCION:	# PERSONAS:	RSVP: ✓

Lista de Invitados

NOMBRE:	DIRECCION:	# PERSONAS:	RSVP: ✓

Lista de Invitados

NOMBRE:	DIRECCION:	# PERSONAS:	RSVP: ✓

Lista de Invitados

NOMBRE:	DIRECCION:	# PERSONAS:	RSVP: ✓

Lista de Invitados

NOMBRE:	DIRECCION:	# PERSONAS:	RSVP: ✓

Lista de Invitados

NOMBRE:	DIRECCION:	# PERSONAS:	RSVP: ✓

Lista de Invitados

NOMBRE:	DIRECCION:	# PERSONAS:	RSVP: ✓

Lista de Invitados

NOMBRE:	DIRECCION:	# PERSONAS:	RSVP: ✓

Plan de Acomodo Mesas

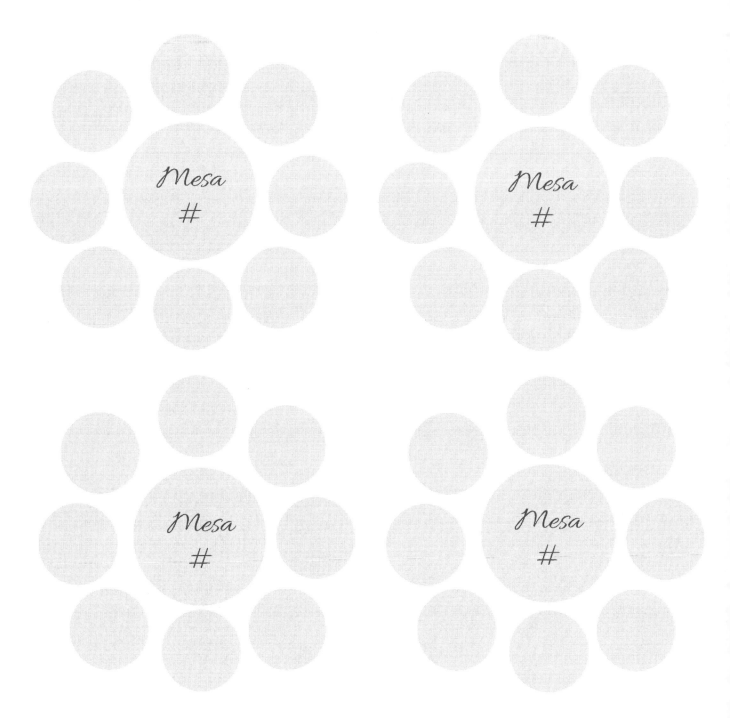

Mesa #

Mesa #

Mesa #

Mesa #

NOTAS:

Plan de Acomodo Mesas

Mesa
#

Mesa
#

Mesa
#

Mesa
#

NOTAS:

Plan de Acomodo Mesas

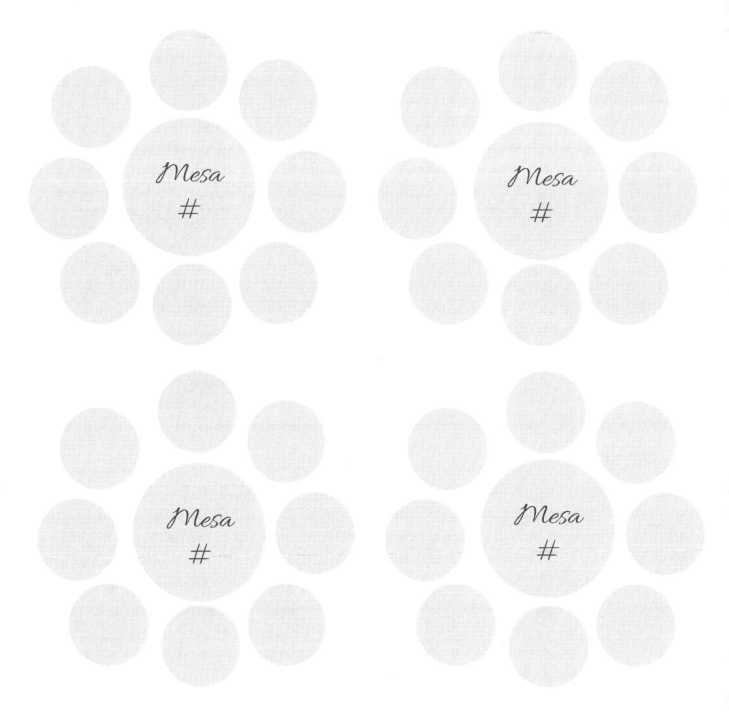

Mesa #

Mesa #

Mesa #

Mesa #

NOTAS:

Plan de Acomodo Mesas

Mesa
#

Mesa
#

Mesa
#

Mesa
#

NOTAS:

Plan de Acomodo Mesas

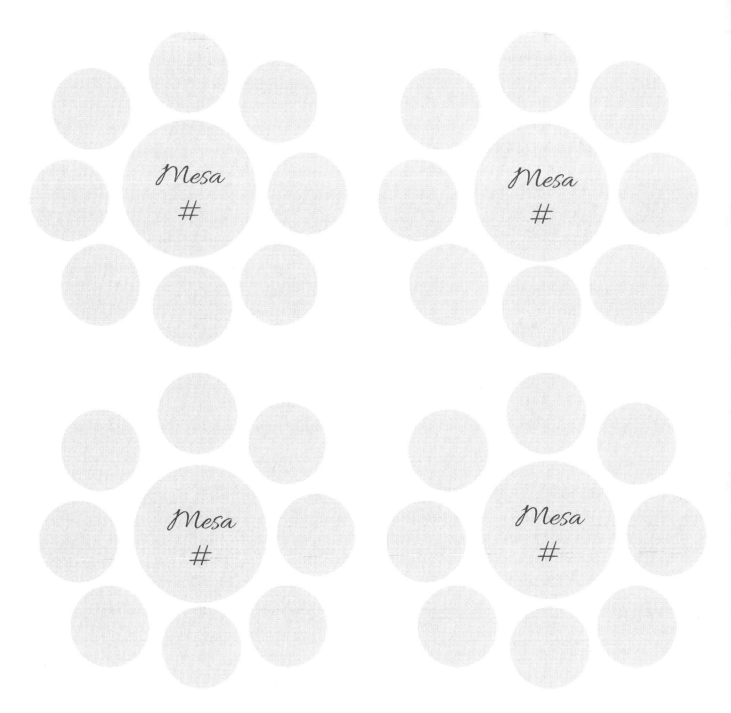

NOTAS:

Plan de Acomodo Mesas

Mesa
#

Mesa
#

Mesa
#

Mesa
#

NOTAS:

Plan de Acomodo Mesas

Mesa #

Mesa #

Mesa #

Mesa #

NOTAS:

Plan de Acomodo Mesas

Mesa
#

Mesa
#

Mesa
#

Mesa
#

NOTAS:

Plan de Acomodo Mesas

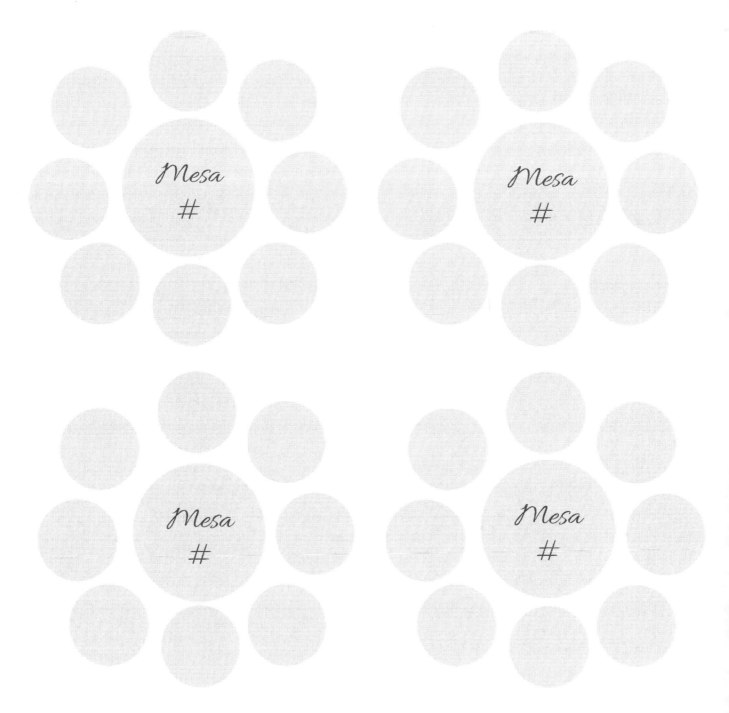

Mesa #

Mesa #

Mesa #

Mesa #

NOTAS:

Plan de Acomodo Mesas

Mesa
#

Mesa
#

Mesa
#

Mesa
#

NOTAS:

Plan de Acomodo Mesas

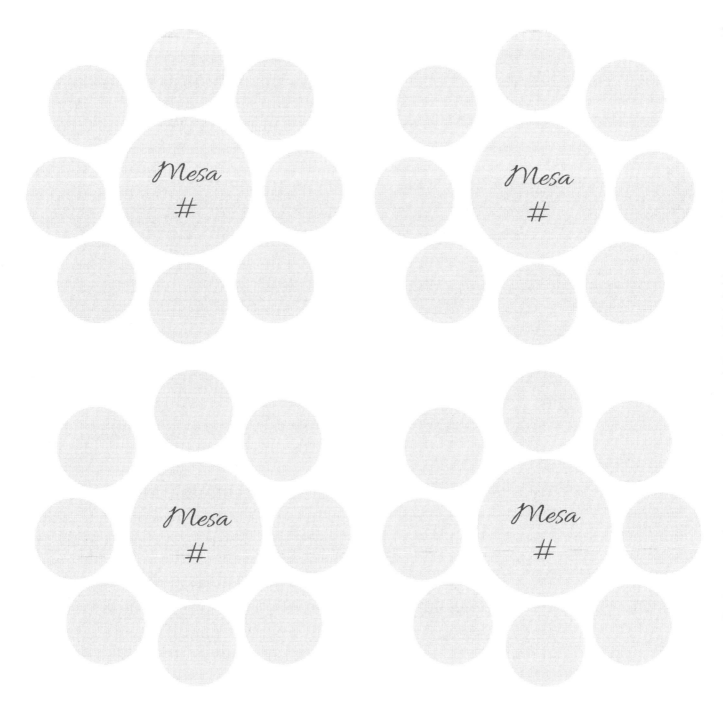

NOTAS:

Plan de Acomodo Mesas

Mesa
#

Mesa
#

Mesa
#

Mesa
#

NOTAS:

Plan de Acomodo Mesas

Mesa #

Mesa #

Mesa #

Mesa #

NOTAS:

MENSUAL
CALENDARIO

MES

LUNES	MARTES	MIERCOLES	JUEVES	VIERNES	SABADO	DOMINGO

MENSUAL
CALENDARIO

MES

LUNES	MARTES	MIERCOLES	JUEVES	VIERNES	SABADO	DOMINGO

MENSUAL
CALENDARIO

MES

LUNES	MARTES	MIERCOLES	JUEVES	VIERNES	SABADO	DOMINGO

MENSUAL

CALENDARIO

MES

LUNES	MARTES	MIERCOLES	JUEVES	VIERNES	SABADO	DOMINGO

MENSUAL
CALENDARIO

MES

LUNES	MARTES	MIERCOLES	JUEVES	VIERNES	SABADO	DOMINGO

MENSUAL
CALENDARIO

MES

LUNES	MARTES	MIERCOLES	JUEVES	VIERNES	SABADO	DOMINGO

MENSUAL
CALENDARIO

MES

LUNES	MARTES	MIERCOLES	JUEVES	VIERNES	SABADO	DOMINGO

MENSUAL
CALENDARIO

MES

LUNES	MARTES	MIERCOLES	JUEVES	VIERNES	SABADO	DOMINGO

MENSUAL
CALENDARIO

MES

LUNES	MARTES	MIERCOLES	JUEVES	VIERNES	SABADO	DOMINGO

MENSUAL
CALENDARIO

MES

LUNES	MARTES	MIERCOLES	JUEVES	VIERNES	SABADO	DOMINGO

MENSUAL
CALENDARIO

MES

LUNES	MARTES	MIERCOLES	JUEVES	VIERNES	SABADO	DOMINGO

MENSUAL
CALENDARIO

MES

LUNES	MARTES	MIERCOLES	JUEVES	VIERNES	SABADO	DOMINGO

AGENDA SEMANAL

PLANIFICADOR

SEMANA DEL:

HORA	LUNES	MARTES	MIERCOLES	JUEVES	VIERNES	SABADO	DOMINGO

NOTAS Y RECORDATORIOS

AGENDA SEMANAL

PLANIFICADOR

SEMANA DEL:

HORA	LUNES	MARTES	MIERCOLES	JUEVES	VIERNES	SABADO	DOMINGO

NOTAS Y RECORDATORIOS

AGENDA SEMANAL

PLANIFICADOR

SEMANA DEL:

HORA	LUNES	MARTES	MIERCOLES	JUEVES	VIERNES	SABADO	DOMINGO

NOTAS Y RECORDATORIOS

AGENDA SEMANAL

PLANIFICADOR

SEMANA DEL:

HORA	LUNES	MARTES	MIERCOLES	JUEVES	VIERNES	SABADO	DOMINGO

NOTAS Y RECORDATORIOS

AGENDA SEMANAL

PLANIFICADOR

SEMANA DEL:

HORA	LUNES	MARTES	MIERCOLES	JUEVES	VIERNES	SABADO	DOMINGO

NOTAS Y RECORDATORIOS

AGENDA SEMANAL

PLANIFICADOR

SEMANA DEL:

HORA	LUNES	MARTES	MIERCOLES	JUEVES	VIERNES	SABADO	DOMINGO

NOTAS Y RECORDATORIOS

AGENDA SEMANAL

PLANIFICADOR

SEMANA DEL:

HORA	LUNES	MARTES	MIERCOLES	JUEVES	VIERNES	SABADO	DOMINGO

NOTAS Y RECORDATORIOS

AGENDA SEMANAL

PLANIFICADOR

SEMANA DEL:

HORA	LUNES	MARTES	MIERCOLES	JUEVES	VIERNES	SABADO	DOMINGO

NOTAS Y RECORDATORIOS

AGENDA SEMANAL

PLANIFICADOR

SEMANA DEL:

HORA	LUNES	MARTES	MIERCOLES	JUEVES	VIERNES	SABADO	DOMINGO

NOTAS Y RECORDATORIOS

AGENDA SEMANAL

PLANIFICADOR

SEMANA DEL:

HORA	LUNES	MARTES	MIERCOLES	JUEVES	VIERNES	SABADO	DOMINGO

NOTAS Y RECORDATORIOS

AGENDA SEMANAL

PLANIFICADOR

SEMANA DEL:

HORA	LUNES	MARTES	MIERCOLES	JUEVES	VIERNES	SABADO	DOMINGO

NOTAS Y RECORDATORIOS

AGENDA SEMANAL

PLANIFICADOR

SEMANA DEL:

HORA	LUNES	MARTES	MIERCOLES	JUEVES	VIERNES	SABADO	DOMINGO

NOTAS Y RECORDATORIOS

AGENDA SEMANAL

PLANIFICADOR

SEMANA DEL:

HORA	LUNES	MARTES	MIERCOLES	JUEVES	VIERNES	SABADO	DOMINGO

NOTAS Y RECORDATORIOS

AGENDA SEMANAL

PLANIFICADOR

SEMANA DEL:

HORA	LUNES	MARTES	MIERCOLES	JUEVES	VIERNES	SABADO	DOMINGO

NOTAS Y RECORDATORIOS

AGENDA SEMANAL

PLANIFICADOR

SEMANA DEL:

HORA	LUNES	MARTES	MIERCOLES	JUEVES	VIERNES	SABADO	DOMINGO

NOTAS Y RECORDATORIOS

AGENDA SEMANAL

PLANIFICADOR

SEMANA DEL:

HORA	LUNES	MARTES	MIERCOLES	JUEVES	VIERNES	SABADO	DOMINGO

NOTAS Y RECORDATORIOS

AGENDA SEMANAL

PLANIFICADOR

SEMANA DEL:

HORA	LUNES	MARTES	MIERCOLES	JUEVES	VIERNES	SABADO	DOMINGO

NOTAS Y RECORDATORIOS

AGENDA SEMANAL

PLANIFICADOR

SEMANA DEL:

HORA	LUNES	MARTES	MIERCOLES	JUEVES	VIERNES	SABADO	DOMINGO

NOTAS Y RECORDATORIOS

AGENDA SEMANAL

PLANIFICADOR

SEMANA DEL:

HORA	LUNES	MARTES	MIERCOLES	JUEVES	VIERNES	SABADO	DOMINGO

NOTAS Y RECORDATORIOS

AGENDA SEMANAL

PLANIFICADOR

SEMANA DEL:

HORA	LUNES	MARTES	MIERCOLES	JUEVES	VIERNES	SABADO	DOMINGO

NOTAS Y RECORDATORIOS

AGENDA SEMANAL

PLANIFICADOR

SEMANA DEL:

HORA	LUNES	MARTES	MIERCOLES	JUEVES	VIERNES	SABADO	DOMINGO

NOTAS Y RECORDATORIOS

AGENDA SEMANAL

PLANIFICADOR

SEMANA DEL:

HORA	LUNES	MARTES	MIERCOLES	JUEVES	VIERNES	SABADO	DOMINGO

NOTAS Y RECORDATORIOS

AGENDA SEMANAL

PLANIFICADOR

SEMANA DEL:

HORA	LUNES	MARTES	MIERCOLES	JUEVES	VIERNES	SABADO	DOMINGO

NOTAS Y RECORDATORIOS

AGENDA SEMANAL

PLANIFICADOR

SEMANA DEL:

HORA	LUNES	MARTES	MIERCOLES	JUEVES	VIERNES	SABADO	DOMINGO

NOTAS Y RECORDATORIOS

AGENDA SEMANAL

PLANIFICADOR

SEMANA DEL:

HORA	LUNES	MARTES	MIERCOLES	JUEVES	VIERNES	SABADO	DOMINGO

NOTAS Y RECORDATORIOS

AGENDA SEMANAL

PLANIFICADOR

SEMANA DEL:

HORA	LUNES	MARTES	MIERCOLES	JUEVES	VIERNES	SABADO	DOMINGO

NOTAS Y RECORDATORIOS

AGENDA SEMANAL

PLANIFICADOR

SEMANA DEL:

HORA	LUNES	MARTES	MIERCOLES	JUEVES	VIERNES	SABADO	DOMINGO

NOTAS Y RECORDATORIOS

AGENDA SEMANAL

PLANIFICADOR

SEMANA DEL:

HORA	LUNES	MARTES	MIERCOLES	JUEVES	VIERNES	SABADO	DOMINGO

NOTAS Y RECORDATORIOS

AGENDA SEMANAL

PLANIFICADOR

SEMANA DEL:

HORA	LUNES	MARTES	MIERCOLES	JUEVES	VIERNES	SABADO	DOMINGO

NOTAS Y RECORDATORIOS

AGENDA SEMANAL

PLANIFICADOR

SEMANA DEL:

HORA	LUNES	MARTES	MIERCOLES	JUEVES	VIERNES	SABADO	DOMINGO

NOTAS Y RECORDATORIOS

AGENDA SEMANAL

PLANIFICADOR

SEMANA DEL:

HORA	LUNES	MARTES	MIERCOLES	JUEVES	VIERNES	SABADO	DOMINGO

NOTAS Y RECORDATORIOS

AGENDA SEMANAL

PLANIFICADOR

SEMANA DEL:

HORA	LUNES	MARTES	MIERCOLES	JUEVES	VIERNES	SABADO	DOMINGO

NOTAS Y RECORDATORIOS

AGENDA SEMANAL

SEMANA DEL:

PLANIFICADOR

HORA	LUNES	MARTES	MIERCOLES	JUEVES	VIERNES	SABADO	DOMINGO

NOTAS Y RECORDATORIOS

AGENDA SEMANAL

PLANIFICADOR

SEMANA DEL:

HORA	LUNES	MARTES	MIERCOLES	JUEVES	VIERNES	SABADO	DOMINGO

NOTAS Y RECORDATORIOS

AGENDA SEMANAL

PLANIFICADOR

SEMANA DEL:

HORA	LUNES	MARTES	MIERCOLES	JUEVES	VIERNES	SABADO	DOMINGO

NOTAS Y RECORDATORIOS

AGENDA SEMANAL

PLANIFICADOR

SEMANA DEL:

HORA	LUNES	MARTES	MIERCOLES	JUEVES	VIERNES	SABADO	DOMINGO

NOTAS Y RECORDATORIOS

AGENDA SEMANAL

PLANIFICADOR

SEMANA DEL:

HORA	LUNES	MARTES	MIERCOLES	JUEVES	VIERNES	SABADO	DOMINGO

NOTAS Y RECORDATORIOS

AGENDA SEMANAL

PLANIFICADOR

SEMANA DEL:

HORA	LUNES	MARTES	MIERCOLES	JUEVES	VIERNES	SABADO	DOMINGO

NOTAS Y RECORDATORIOS

AGENDA SEMANAL

PLANIFICADOR

SEMANA DEL:

HORA	LUNES	MARTES	MIERCOLES	JUEVES	VIERNES	SABADO	DOMINGO

NOTAS Y RECORDATORIOS

AGENDA SEMANAL

PLANIFICADOR

SEMANA DEL:

HORA	LUNES	MARTES	MIERCOLES	JUEVES	VIERNES	SABADO	DOMINGO

NOTAS Y RECORDATORIOS

AGENDA SEMANAL

PLANIFICADOR

SEMANA DEL:

HORA	LUNES	MARTES	MIERCOLES	JUEVES	VIERNES	SABADO	DOMINGO

NOTAS Y RECORDATORIOS

AGENDA SEMANAL

PLANIFICADOR

SEMANA DEL:

HORA	LUNES	MARTES	MIERCOLES	JUEVES	VIERNES	SABADO	DOMINGO

NOTAS Y RECORDATORIOS

AGENDA SEMANAL

PLANIFICADOR

SEMANA DEL:

HORA	LUNES	MARTES	MIERCOLES	JUEVES	VIERNES	SABADO	DOMINGO

NOTAS Y RECORDATORIOS

AGENDA SEMANAL

PLANIFICADOR

SEMANA DEL:

HORA	LUNES	MARTES	MIERCOLES	JUEVES	VIERNES	SABADO	DOMINGO

NOTAS Y RECORDATORIOS

AGENDA SEMANAL

PLANIFICADOR

SEMANA DEL:

HORA	LUNES	MARTES	MIERCOLES	JUEVES	VIERNES	SABADO	DOMINGO

NOTAS Y RECORDATORIOS

AGENDA SEMANAL

PLANIFICADOR

SEMANA DEL:

HORA	LUNES	MARTES	MIERCOLES	JUEVES	VIERNES	SABADO	DOMINGO

NOTAS Y RECORDATORIOS

AGENDA SEMANAL

PLANIFICADOR

SEMANA DEL:

HORA	LUNES	MARTES	MIERCOLES	JUEVES	VIERNES	SABADO	DOMINGO

NOTAS Y RECORDATORIOS

Notas

Notas

Notas

Notas

Notas

Notas

Made in the USA
Las Vegas, NV
18 March 2022

45902153R00074